KB086430

오싹 오싹

신비아파트
고스트볼 더블X 6개의 예언

공포의 교과서
한자쓰기

기초편

(주)학산문화사

이렇게 활용하세요

〈신비아파트3 고스트볼 더블✕ 6개의 예언〉
친구들과 함께라면 한자도 즐겁게 배울 수 있어요!!

1 먼저 한자의 음과 뜻을 알아요.
한자 위의 획순을 보며 빈칸에 한자를 따라 써요.

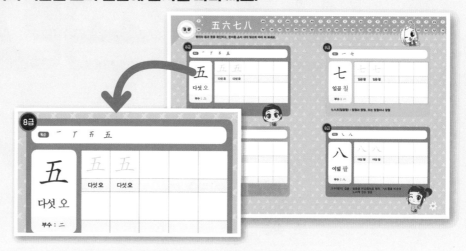

2 글자를 쓰고 나서 그 한자가 쓰인 낱말과 뜻을 배워요.
부수도 알아두면 좋아요.

다섯 오		
부수 : 二		
五日場(오일장) : 닷새에 한 번씩 서는 시장		

※ 한자는 글자마다 여러 가지의 음과 뜻을 가지고 있는 경우가 있습니다. 이 도서에서는 가장 대표적으로
사용되는 음과 뜻을 표기하였습니다.

3 한자에 얽힌 이야기가 담긴
〈사자성어 이야기〉를 읽고 따라 써 봐요.

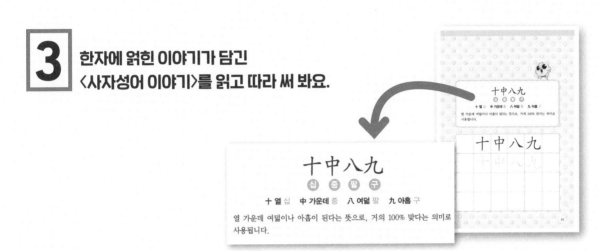

十中八九
십 중 팔 구

十 열 십   中 가운데 중   八 여덟 팔   九 아홉 구

열 가운데 여덟이나 아홉이 된다는 뜻으로, 거의 100% 맞다는 의미로
사용됩니다.

4 재미있는 퀴즈를 풀면서
앞에서 배운 한자를 복습해요.

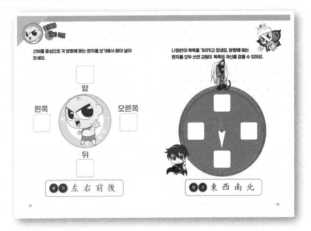

5 귀신 미로찾기를 빠져나오면 〈신비아파트3 고스트볼 더블✕ 6개의 예언〉에
나오는 귀신들의 자세한 정보를 얻을 수 있어요.

캐릭터 소개

신비 (102살)
신비아파트가 100년 된 순간 태어난 도깨비
잘난 척, 용감한 척 하지만, 알고보면 둘째가라면 서러운 겁쟁이!
더 강력해진 귀신들에 맞서 싸울 수 있도록 하리와 두리에게 업그레이드 된
'고스트볼 더블X'를 선물한다. 때론 짓궂은 장난꾸러기처럼 보이지만 결코
미워할 수 없는 소중한 도깨비 친구!

금비 (약 600살)
신비아파트로 이사온 귀여운 도깨비 친구!
사투리 섞인 애교가 필살기인 귀염둥이 친구!
시간을 조종할 수 있는 '시간의 요술'이 주특기다. 신비아파트로 피신을 왔던
일을 계기로 쭉 신비네 집에 같이 살고 있다. 맨날 신비와 티격태격하면서도,
위기 상황에서는 힘을 합해 귀신에 맞선다.

하리 (12살)
힘과 의욕, 그리고 무엇보다 따뜻한 마음씨가 남다른 두리의 누나
동생 '두리'를 잘 챙기며, 정의감이 강하다.
신비를 도와 귀신들을 승천시키고, 사악한 악귀들에 맞서 싸우는 주인공!

두리 (10살)
하리의 동생, 신비와 환상의 겁쟁이 콤비!
귀신을 엄청 무서워 하며, 위급한 상황만 생기면 '누나' 하며 하리를 찾는다.
눈물도 많고 겁도 많은 막내이지만 위기에 처한 누나를 구하기 위해선
혼자 귀신에 맞설 만큼 조금씩 성장 중!

강림(12살)
별빛초등학교 최고의 인기남, 그런 그의 정체는 바로 퇴마사!
멋지고 잘생겼는데 차가운 매력까지?!
강력한 퇴마의 힘으로 하리와 친구들을 도와주는 든든한 조력자.

가은(12살)
따뜻한 마음씨를 가진 하리의 베프 차도녀!
평소 말수가 적지만, 누구보다 자상한 마음씨를 갖고 있는 소녀.
하리의 짝꿍이자 절친으로 함께 해왔다. 새로운 시즌에서는 '오피키언의 예언'과
관련된 정체 모를 힘을 깨닫고 혼란에 빠지게 된다는데….

샌드맨   구묘귀   백의제붐   악창귀   악창괭이   이무기

야저귀   도플갱어   벨페고르   벽슬렌더   살음쟁이   자간

충목귀   웬디고   토면귀   적목귀   만티 두억시니

차례

수 를 나타내는 한자

요일 과 시간 을 나타내는 한자

방향 과 위치 를 나타내는 한자

가족 과 관련된 한자

몸 을 나타내는 한자

학교 생활 을 나타내는 한자

수를 나타내는 한자

一 二 三 四

한자의 음과 뜻을 확인하고, 한자를 소리 내어 읽으며 따라 써 보세요.

8급

| 획순 | 一 | | | | |

一 한 일 부수 : 一	一	一			
	한 일	한 일			

同一(동일) : 각각 다른 것이 아니라 하나임

8급

| 획순 | 一 | 二 | | | |

二 두 이 부수 : 二	二	二			
	두 이	두 이			

二人乘(이인승) : 두 사람이 타는 차나 비행기

획순 一 二 三

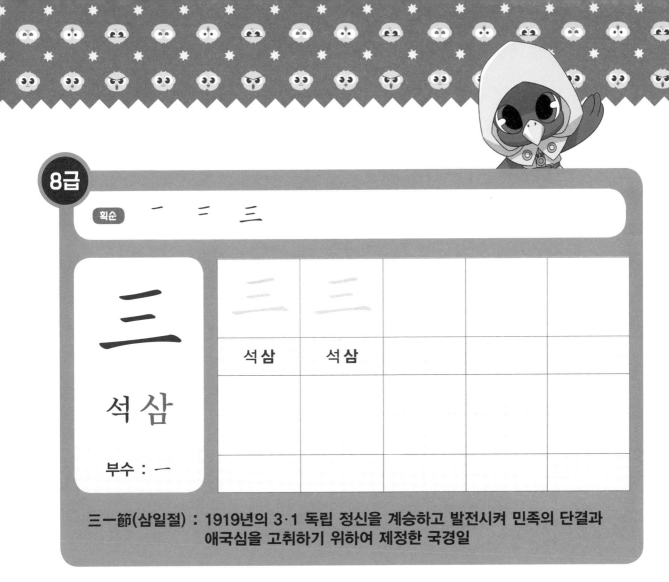

三
석삼
부수 : 一

석삼	석삼			

三一節(삼일절) : 1919년의 3·1 독립 정신을 계승하고 발전시켜 민족의 단결과 애국심을 고취하기 위하여 제정한 국경일

획순 l 冂 冂 四 四

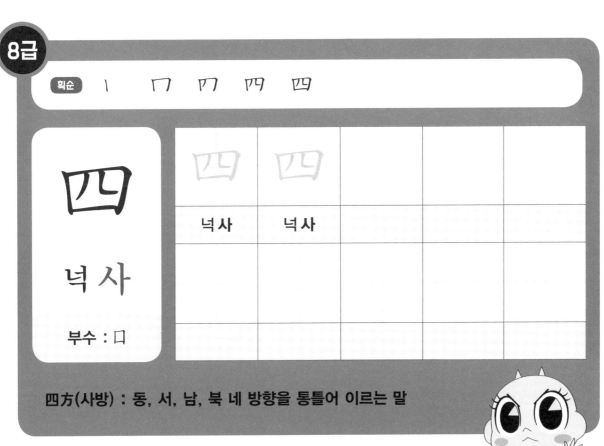

四
넉사
부수 : 口

넉사	넉사			

四方(사방) : 동, 서, 남, 북 네 방향을 통틀어 이르는 말

五六七八

한자의 음과 뜻을 확인하고, 한자를 소리 내어 읽으며 따라 써 보세요.

8급

획순 一 丁 五 五

五 다섯 오 부수 : 二	五	五		
	다섯 오	다섯 오		

五日場(오일장) : 닷새에 한 번씩 서는 시장

8급

획순 丶 一 亠 六 六

六 여섯 육 부수 : 八	六	六		
	여섯 육	여섯 육		

六旬(육순) : 예순 살(60살)

8급

획순   一   七

七	七			
일곱 칠	일곱 칠			

七
일곱 칠

부수 : 一

七八月(칠팔월) : 칠월과 팔월. 또는 칠월이나 팔월

8급

획순   丶   八

八	八			
여덟 팔	여덟 팔			

八
여덟 팔

부수 : 八

八子(팔자) 걸음 : 발끝을 바깥쪽으로 벌려, 거드름을 피우며
느리게 걷는 걸음

九十百千

한자의 음과 뜻을 확인하고, 한자를 소리 내어 읽으며 따라 써 보세요.

8급

획순 丿 九

九

아홉 구

부수 : 乙

九	九			
아홉 구	아홉 구			

九九法(구구법) : 수학 곱셈에 쓰는 기초 공식. 1에서 9까지의 각 수를 두 수끼리 서로 곱하여 그 값을 나타낸다

8급

획순 一 十

十

열 십

부수 : 十

十	十			
열 십	열 십			

十人十色(십인십색) : 열 사람이면 열 사람의 성격이나 사람됨이 제각기 다름

7급

획순 　一　丆　丆　历　百　百

百
일백 백

부수 : 白

百	百			
일백 백	일백 백			

百果(백과) : 온갖 과일

7급

획순 　ノ　二　千

千
일천 천

부수 : 十

千	千			
일천 천	일천 천			

千金(천금) : 많은 돈이나 비싼 값을 비유적으로 이르는 말

萬億多少

한자의 음과 뜻을 확인하고, 한자를 소리 내어 읽으며 따라 써 보세요.

8급

획순 一 十 卄 芇 芇 苪 苩 苩 莒 萬 萬 萬

萬	萬			
일만만	일만만			

萬
일만 만

부수 : 艹

萬國旗(만국기) : 세계 여러 나라의 국기

5급

획순 丿 亻 亻 亻 伫 伫 伫 伫 倍 倍 億 億 億 億 億

億	億			
억억	억억			

億
억 억

부수 : 亻

億年(억년) : 매우 오래고 긴 세월

6급

획순　ノ　ク　タ　タ　多　多

多

많을 다

부수 : 夕

많을 다	많을 다			

多情多感(다정다감) : 정이 많고 감정이 풍부함

7급

획순　丿　小　小　少

少

적을 소

부수 : 小

적을 소	적을 소			

老少(노소) : 늙은이와 젊은이를 아울러 이르는 말

사자성어 이야기

一石二鳥
일 석 이 조

一 한 일   石 돌 석   二 두 이   鳥 새 조

돌 한 개를 던져 새 두 마리를 잡는다는 뜻으로, 한 가지 일로 동시에 두 가지 이득을 본다는 의미로 사용됩니다.

一	石	二	鳥	
一	石	二	鳥	

十中八九

십 중 팔 구

十 열 십 　**中** 가운데 중 　**八** 여덟 팔 　**九** 아홉 구

열 가운데 여덟이나 아홉이 된다는 뜻으로, 거의 100% 맞다는 의미로
사용됩니다.

十	中	八	九
十	中	八	九

사탕의 개수와 맞는 숫자와 연결하고 그 숫자와 같은 뜻을
가진 한자를 선으로 이어 보세요.

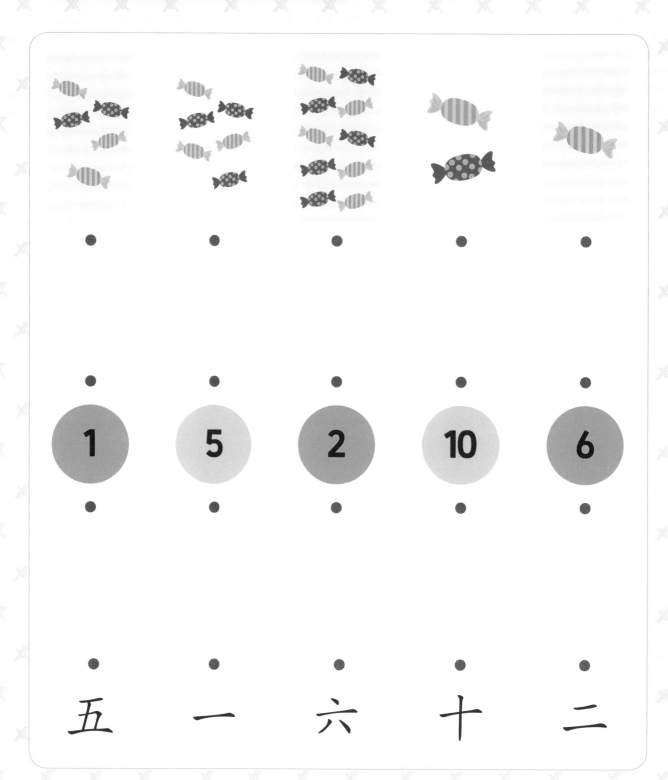

돈에 쓰여 있는 글자와 같은 숫자를 선으로 잇고,
그 숫자와 같은 뜻을 가진 한자를 선으로 이어 보세요.

●　　　　●　　　　●　　　　●

1000　　**10000**　　**100**　　**500**

●　　　　●　　　　●　　　　●

萬　　　百　　　五百　　　千

귀신 미로찾기

숨어 있는 귀신들을 피해
숫자와 관련된 한자를 따라
구묘귀를 잡자!

구묘귀 분노의 발톱

스킬 : 날카로운 발톱으로 공격
　　　인간을 쥐로 변신시키는 능력(사람 얼굴+쥐의 몸)
크기 : 2.5m
퇴치방법 : 생전의 아들과 손자가 할머니를 위로

요일 과 시간 을 나타내는 한자

月火水木

한자의 음과 뜻을 확인하고, 한자를 소리 내어 읽으며 따라 써 보세요.

8급

획순 丿 刀 月 月

月
달 월

부수 : 月

月	月			
달 월	달 월			

明月(명월) : 밝은 달

8급

획순 丶 丷 少 火

火
불 화

부수 : 火

火	火			
불 화	불 화			

火災(화재) : 불이 나는 재앙. 또는 불로 인한 재난

8급

획순　丿　刁　水　水

水

물수

부수 : 水

水	水			
물수	물수			

水産物(수산물) : 바다나 강 따위의 물에서 나는 모든 동물과 식물

8급

획순　一　十　才　木

木

나무목

부수 : 木

木	木			
나무목	나무목			

植木(식목) : 나무를 심음

金 土 日 曜

한자의 음과 뜻을 확인하고, 한자를 소리 내어 읽으며 따라 써 보세요.

8급

획순 ノ 人 스 스 仝 仝 仐 金 金

金				
金 쇠금	金 쇠금			

金
쇠금

부수 : 金

入金(입금) : 돈이 들어옴

8급

획순 一 十 土

土				
土 흙토	土 흙토			

土
흙토

부수 : 土

土地(토지) : 경지나 주거지 따위의 사람의 생활과 활동에 이용하는 땅

8급

획순 丨 冂 月 日

日	日			
날일	날일			

日
날 일

부수 : 日

日記(일기) : 그날그날 겪은 일이나 생각, 느낌 따위를 적는 것

5급

획순 丨 冂 月 日 日ᄀ 日ᄏ 日ᄏ 日ᄏ 日ᄏ 日ᄏ 日ᄏ 日ᄏ 日ᄏ 日ᄏ 日ᄏ 日ᄏ 曜 曜

曜	曜			
빛날 요	빛날 요			

曜
빛날 요

부수 : 日

曜日(요일) : 월 · 화 · 수 · 목 · 금 · 토 · 일에 붙어 1주일의
각 날을 나타내는 말

31

時 分 秒

한자의 음과 뜻을 확인하고, 한자를 소리 내어 읽으며 따라 써 보세요.

8급

| 획순 | 丨 | 冂 | 冃 | 日 | 日‐ | 日⁺ | 旪 | 旹 | 時 | 時 |

時	時			
때시	때시			

時
때시

부수 : 日

日時(일시) : 날짜와 시간

8급

| 획순 | 丿 | 八 | 分 | 分 |

分	分			
나눌분	나눌분			

分
나눌분

부수 : 刀

部分(부분) : 전체를 이루는 작은 범위. 또는 전체를 몇 개로
나눈 것의 하나

획순　´　二　千　千　禾　利　利　秒　秒

秒

분초 초

부수 : 禾

秒	秒			
분초 초	분초 초			

分秒(분초) : 분과 초로 아주 짧은 시간

시 계 보 기

6時 15分 40秒　　9時 30分 10秒

朝午夕年

한자의 음과 뜻을 확인하고, 한자를 소리 내어 읽으며 따라 써 보세요.

6급

획순 一 十 十 古 占 古 直 卓 軒 朝 朝 朝

朝

아침 조

부수 : 月

朝	朝			
아침 조	아침 조			

朝夕(조석) : 아침과 저녁

7급

획순 ノ 𠂉 仁 午

午

낮 오

부수 : 十

午	午			
낮 오	낮 오			

正午(정오) : 낮 열두 시

획순　ノ　ク　夕

夕	夕			
저녁 석	저녁 석			

夕
저녁 석

부수 : 夕

夕陽(석양) : 저녁때의 햇빛. 또는 저녁때의 저무는 해

획순　ノ　ヶ　ヶ　ヶ　ᅩ　年

年	年			
해 년	해 년			

年
해 년

부수 : 干

來年(내년) : 올해의 바로 다음 해

金科玉條
금 과 옥 조

金 쇠 금 　 **科** 과목 과 　 **玉** 구슬 옥 　 **條** 가지 조

금옥과 같은 법률이라는 뜻으로, 금이나 옥처럼 귀중히 여겨 꼭 지켜야
할 법칙이나 규칙 등을 의미합니다.

金	科	玉	條
金	科	玉	條

朝三暮四

조 삼 모 사

朝 아침 조　　**三** 석 삼　　**暮** 저물 모　　**四** 넉 사

간사한 꾀로 남을 속여 희롱함을 이르는 말로 중국 송나라의 저공의 이야기예요. 먹이를 아침에 세 개, 저녁에 네 개씩 주겠다는 저공의 말에 원숭이들은 적다고 화를 내죠. 그러자 저공이 아침에 네 개, 저녁에 세 개씩 주겠다고 하자 원숭이들이 좋아하였다는 데서 유래되었어요.

朝	三	暮	四	
朝	三	暮	四	

12월 달력의 빈칸에 알맞는 한자를 써 보세요.

20×× ☐ 12 ☐

☐요일	요일	요일	☐요일	☐요일	요일	☐요일
		1	2	3	4	5
6	7	8	9	10	11	12
13	14	15	16	17	18	19
20	21	22	23	24	25	26
27	28	29	30	31		

다음 시계를 보고 아래 빈칸에 시간을 나타내는 한자를 써 보세요.

난 동그란 시계로 보는 게
더 쉬운데.

귀신 미로찾기

숨어 있는 귀신들을 피해
요일과 관련된 한자를 따라
샌드맨을 잡자!

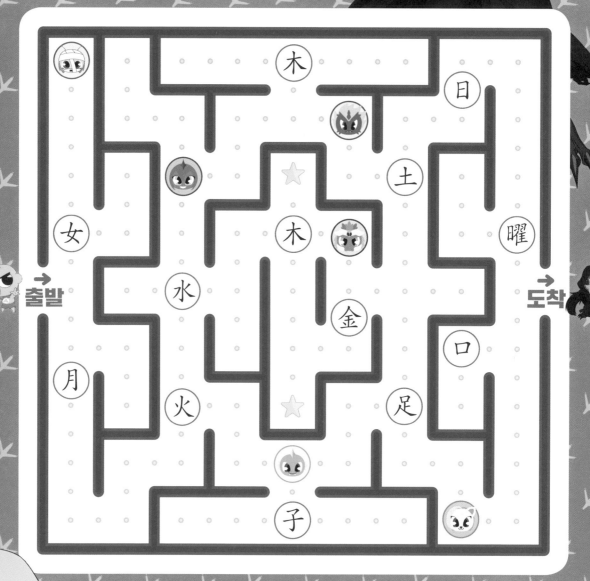

샌드맨 모래 바람의 사신

스킬 : 모래를 자유자재로 움직여서 공격
　　　 (까마귀 등으로 변신시킬 수도 있음)
크기 : 2m
퇴치방법 : 우사첩에게 정기가 빨려 소멸함

방향 과 위치 를 나타내는 한자

東西南北

한자의 음과 뜻을 확인하고, 한자를 소리 내어 읽으며 따라 써 보세요.

8급

| 획순 | 一 | 一 | 一 | 戸 | 百 | 亩 | 申 | 東 | 東 |

東
동녘 동
부수 : 木

東	東			
동녘 동	동녘 동			

東西南北(동서남북) : 동쪽 · 서쪽 · 남쪽 · 북쪽

8급

| 획순 | 一 | 一 | 「 | 冂 | 丙 | 西 | 西 |

西
서녘 서
부수 : 襾

西	西			
서녘 서	서녘 서			

西海(서해) : 서쪽에 있는 바다

획순　一　十　冇　冇　南　南　南　南

南
남녘 남

부수 : 十

南	南			
남녘 남	남녘 남			

江南(강남) : 강의 남쪽

획순　丨　十　オ　北　北

北
북녘 북

부수 : 匕

北	北			
북녘 북	북녘 북			

北方(북방) : 북쪽 지방

43

한자의 음과 뜻을 확인하고, 한자를 소리 내어 읽으며 따라 써 보세요.

7급

획순 ` 一 亍 方

方

모, 방향 방

부수 : 方

方	方			
모방	모방			

方向(방향) : 어떤 곳을 향한 쪽

5급

획순 ノ イ 仁 仵 伫 位 位

位

자리 위

부수 : 亻

位	位			
자리 위	자리 위			

王位(왕위) : 임금의 자리

44

획순 丨 卜 上

上
윗 상

부수 : 一

윗 상	윗 상			

祖上(조상) : 돌아간 어버이 위로 대대의 어른

획순 一 丅 下

下
아래 하

부수 : 一

아래 하	아래 하			

零下(영하) : 온도계에서 0℃ 이하를 이르는 말

前後左右

한자의 음과 뜻을 확인하고, 한자를 소리 내어 읽으며 따라 써 보세요.

7급

획순　ㅗ　ㅛ　ㅛ　产　产　前　前　前

前	前			
앞전	앞전			

前
앞 전

부수 : 刂

事前(사전) : 일이 일어나기 전. 또는 일을 시작하기 전

7급

획순　ㅅ　ㅅ　彳　彳　往　往　後　後　後

後	後			
뒤후	뒤후			

後
뒤 후

부수 : 彳

前後(전후) : 앞과 뒤. 먼저와 나중

7급

획순 一 ナ ナ ナ 左

左
왼 좌

부수 : 工

左	左			
왼좌	왼좌			

左廻轉(좌회전) : 차 따위가 왼쪽으로 돌음

7급

획순 ノ ナ ナ 右 右

右
오른쪽 우

부수 : 口

右	右			
오른쪽 우	오른쪽 우			

前後左右(전후좌우) : 앞과 뒤, 오른쪽과 왼쪽

內外出入

한자의 음과 뜻을 확인하고, 한자를 소리 내어 읽으며 따라 써 보세요.

7급

획순 ㅣ ㄇ ㄇ 內

內
안내
부수 : 入

內	內			
안내	안내			

國內(국내) : 나라의 안

8급

획순 ㇇ ㄅ ㄅ 夕 列 外

外
바깥 외
부수 : 夕

外	外			
바깥 외	바깥 외			

海外(해외) : 바다 밖의 다른 나라. 외국

48

획순 丨 屮 屮 出 出

出

날 출

부수 : 凵

出	出			
날출	날출			

出入門(출입문) : 드나드는 문

획순 丿 入

入

들 입

부수 : 入

入	入			
들입	들입			

入口(입구) : 들어가는 통로

49

左之右之
좌　지　우　지

左 왼좌　　之 갈지　　右 오른쪽우　　之 갈지

왼쪽으로 돌렸다 오른쪽으로 돌렸다 한다는 뜻으로, 자기 마음대로 이리
저리 일을 다루고, 권력을 휘두르거나 다룬다는 의미로 사용됩니다.

左之右之

左之右之

東奔西走
동 분 서 주

東 동녘 동 　 **奔 달릴** 분 　 **西 서녘** 서 　 **走 달릴** 주

동쪽으로 뛰고 서쪽으로 뛴다는 뜻으로, 여기저기 사방으로 바쁘게 돌아다닌다는 의미로 사용됩니다.

신비를 중심으로 각 방향에 맞는 한자를 보기에서 찾아 넣어 보세요.

앞

왼쪽

오른쪽

뒤

보 기 左 右 前 後

나침반이 북쪽을 가리키고 있네요. 방향에 맞는
한자를 모두 쓰면 강림이 북쪽의 귀신을 잡을 수 있어요.

보 기 東 西 南 北

귀신 미로찾기

숨어 있는 귀신들을 피해
방향과 위치를 나타내는
한자를 따라 백의제붑을 잡자!

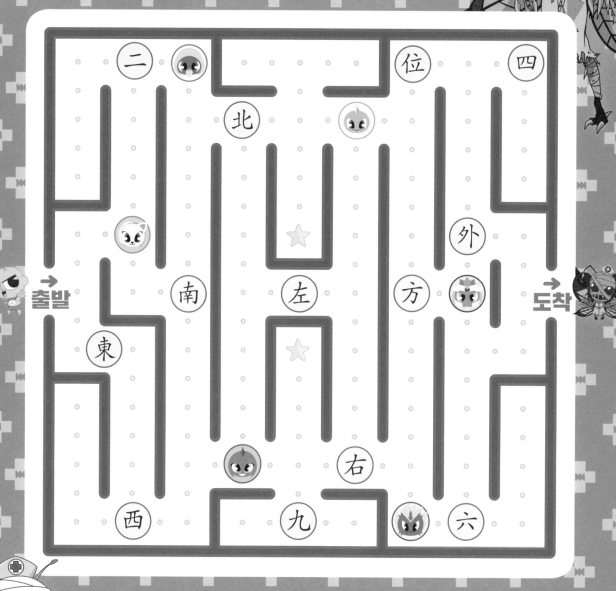

백의제붑 합체귀신

스킬 : 날개짓에서 뿜어져 나오는 충격파
　　　 몸통 박치기
크기 : 2m
합체 : 백의귀와 바알제붑의 합체귀신

가족과 관련된 한자

父母子女

한자의 음과 뜻을 확인하고, 한자를 소리 내어 읽으며 따라 써 보세요.

8급

획순 ´ ハ 父 父

父				
아버지 부	아버지 부			

父
아버지 부

부수 : 父

父母(부모) : 아버지와 어머니

8급

획순 乚 ⺟ 母 母 母

母				
어머니 모	어머니 모			

母
어머니 모

부수 : 母

母性愛(모성애) : 자식에 대한 어머니의 본능적인 사랑

획순 ﹁ 了 子

子

아들 자

부수 : 子

아들자	아들자			

子女(자녀) : 아들과 딸의 높임말

획순 ﹂ 女 女

女

여자 녀

부수 : 女

여자녀	여자녀			

男女(남녀) : 남자와 여자

夫婦家族

한자의 음과 뜻을 확인하고, 한자를 소리 내어 읽으며 따라 써 보세요.

7급

획순 　一　二　夫　夫

夫 남편 부 부수 : 大	夫	夫			
	남편 부	남편 부			

夫君(부군) : 남의 남편을 높여 이르는 말

4급

획순 　く　女　女　女′　女ㄱ　女ㅋ　女ㅋ　妒　婦　婦　婦

婦 아내 부 부수 : 女	婦	婦			
	아내 부	아내 부			

夫婦(부부) : 남편과 아내

7급

획순 　丶　丶　宀　宀　宁　宇　家　家　家　家

家	家			
집가	집가			

家
집가

부수 : 宀

家族(가족) : 부부를 중심으로 가정을 이루는 사람들

6급

획순 　丶　二　方　方　方　方　方　族　族　族

族	族			
친족 족	친족 족			

族
친족 족

부수 : 方

貴族(귀족) : 가문이나 신분이 좋은 사람

兄弟姉妹

한자의 음과 뜻을 확인하고, 한자를 소리 내어 읽으며 따라 써 보세요.

8급

획순 丶 冂 口 ロ 尸 兄

兄 형 형	형 형	형 형			

兄
형 형

부수 : 儿

兄弟(형제) : 형과 아우

8급

획순 丶 丷 丷 弟 弟 弟

弟 아우 제	아우 제	아우 제			

弟
아우 제

부수 : 弓

弟子(제자) : 스승으로부터 가르침을 받는 사람

획순 　　〈　　夕　　女　　女ˋ　　女ㆍ　　女ㆍ　　妌　　姉

姉	姉			
윗누이 자	윗누이 자			

姉
윗누이 자

부수 : 女

姉妹(자매) : 여자끼리의 동기. 언니와 여동생 사이를 이른다

획순 　　〈　　夕　　女　　女ˋ　　女ㆍ　　妌　　妹　　妹

妹	妹			
누이 매	누이 매			

妹
누이 매

부수 : 女

男妹(남매) : 오라비와 누이

사자성어 이야기

自手成家
자 수 성 가

自 스스로 자　**手** 손 수　**成** 이룰 성　**家** 집 가

물려받은 재산 없이 스스로의 힘으로 집안을 일으키고 재산을 모은다는 뜻으로, 돈도 권력도 없는 집안에서 태어나 성공한 사람을 표현할 때 사용합니다.

自	手	成	家	
自	手	成	家	

兄弟投金
형　제　투　금

兄 형 형　弟 아우 제　投 던질 투　金 쇠 금

형제가 금을 던졌다는 뜻으로, 형제가 우연히 주운 황금을 버림으로써
우애를 지켰다는 이야기에서 유래되었어요.
함께 길을 가던 형제가 금덩이를 주워 나눠 가졌는데 동생이 갑자기 자기의
금덩이를 강물에 던져버렸어요. "제 마음속에 욕심이 생겨서 버렸습니다."
이 말을 들은 형도 부끄러워하며 금덩이를 강물에 던져버렸어요. 이후
두 형제는 우애 좋게 살았다고 합니다.

	兄	弟	投	金	
	兄	弟	投	金	

가족들 각자에게 알맞는 한자를 찾아 선을 이어 보세요.

아빠 　 딸 　 아들 　 엄마

子 　 母 　 父 　 女

아래의 한자들 중에서 남자에게만 쓸 수 있는
한자를 골라 모두 ○해 보세요.

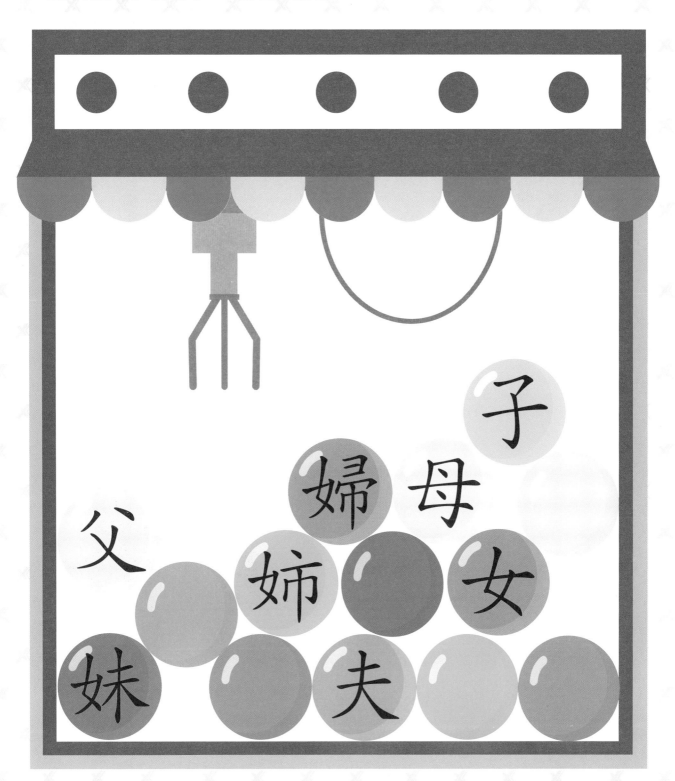

귀신 미로찾기

숨어 있는 귀신들을 피해
가족과 관련된 한자를 따라
악창귀를 잡자!

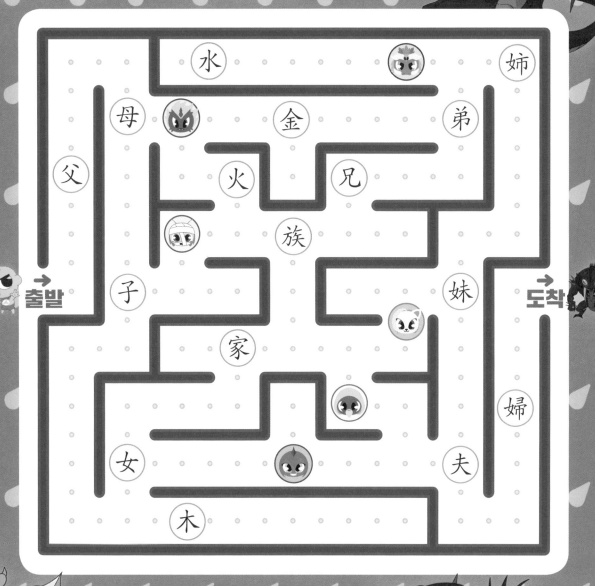

水　姉
母　金　弟
父　火　兄
　族
→ 출발　子　妹　→ 도착
　家
女　婦
木　夫

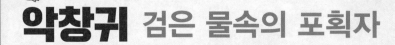

악창귀 검은 물속의 포획자

스킬 : 물 속을 빠르게 헤엄치며 괴력으로 공격
　　　사람들을 납치해 트롤로 만듦
크기 : 2.5m
퇴치방법 : 하리 일행이 생전의 부모를 만나게 해주며 위로

몸을
나타내는 한자

手足耳鼻

한자의 음과 뜻을 확인하고, 한자를 소리 내어 읽으며 따라 써 보세요.

7급

획순 ´ ´ 三 手

手 손 수 부수 : 手	手	手			
	손 수	손 수			

拍手(박수) : 기쁨, 찬성, 환영을 나타내거나 장단을 맞추거나
할 때 두 손뼉을 마주 두드림

7급

획순 丶 口 口 尸 严 尸 足

足 발 족 부수 : 足	足	足			
	발 족	발 족			

足球(족구) : 발로 공을 차서 네트를 넘겨 승부를 겨루는 경기. 규칙은 배구와
비슷하다

획순 一 丁 斤 斤 斤 耳 耳

耳
귀 이

부수 : 耳

耳	耳			
귀 이	귀 이			

耳目(이목) : 귀와 눈을 아울러 이르는 말

획순 丶 丿 冂 白 白 自 自 臬 臬 臬 畠 畠 鼻 鼻

鼻
코 비

부수 : 鼻

鼻	鼻			
코 비	코 비			

鼻音(비음) : 코로 내는 소리

眼目舌口

한자의 음과 뜻을 확인하고, 한자를 소리 내어 읽으며 따라 써 보세요.

4급

획순 ｜ 冂 冃 月 目 目⁷ 目ㄱ 目ㅋ 眼 眼 眼

眼
눈안

부수 : 目

眼	眼			
눈안	눈안			

血眼(혈안) : 어떤 일을 이루려고 애가 달아 기를 쓰고 있는 상태

6급

획순 ｜ 冂 冃 月 目

目
눈목

부수 : 目

目	目			
눈목	눈목			

目的(목적) : 이루려는 일이나 나아가려고 하는 방향

70

획순 ´ 二 千 千 舌 舌

舌
혀설

부수 : 舌

舌	舌			
혀설	혀설			

舌戰(설전) : 말다툼. 입씨름

획순 ㅣ 冂 口

口
입구

부수 : 口

口	口			
입구	입구			

口臭(구취):입에서 나는 구린 냄새

面首身體

7급

획순　一　一　ナ　丆　丙　而　面　面　面

面				
낯 면	낯 면			

面

낯 면

부수 : 面

假面(가면) : 얼굴을 감추거나 달리 꾸미기 위하여 나무, 종이, 흙 따위로 만들어 얼굴에 쓰는 물건

5급

획순　丶　丷　丷　丷　产　首　首　首

首				
머리 수	머리 수			

首

머리 수

부수 : 首

首都(수도) : 한 나라의 정부가 있는 도시, 서울

72

획순 ′ ′ ′ ′ 竹 竹 自 身 身

身

몸신

부수 : 身

身	身			
몸신	몸신			

自身(자신) : 제 몸

획순 ﹁ ﹁ ﹁ ﹁ ﹁ ﹁ 骨 骨 骨 骨 骨 骨 骨 骨 體 體 體 體 體 體 體 體

體

몸체

부수 : 骨

體	體			
몸체	몸체			

身體(신체) : 사람의 몸

73

首尾一貫
수 미 일 관

首 머리 수   **尾** 꼬리 미   **一** 한 일   **貫** 꿸 관

머리부터 꼬리까지 한번에 꿰뚫는다는 뜻으로, 일 따위를 처음부터 끝까지
한결같이 해나간다는 의미로 사용됩니다.

首	尾	一	貫	
首	尾	一	貫	

眼下無人
안 하 무 인

眼 눈 안　　**下** 아래 하　　**無** 없을 무　　**人** 사람 인

눈 아래에 사람이 없다는 뜻으로, 태도가 몹시 교만하여 남을 업신여기며 건방지게 행동한다는 의미로 사용됩니다.

眼	下	無	人	
眼	下	無	人	

얼굴의 각 부분에 맞는 한자를 찾아 선을 연결해 보세요.

다음 그림을 보고 신체 중 어떤 부분인지 한자를 써 보세요.

귀신 미로찾기

숨어 있는 귀신들을 피해 몸을 나타내는 한자를 따라 악창괭이를 잡자!

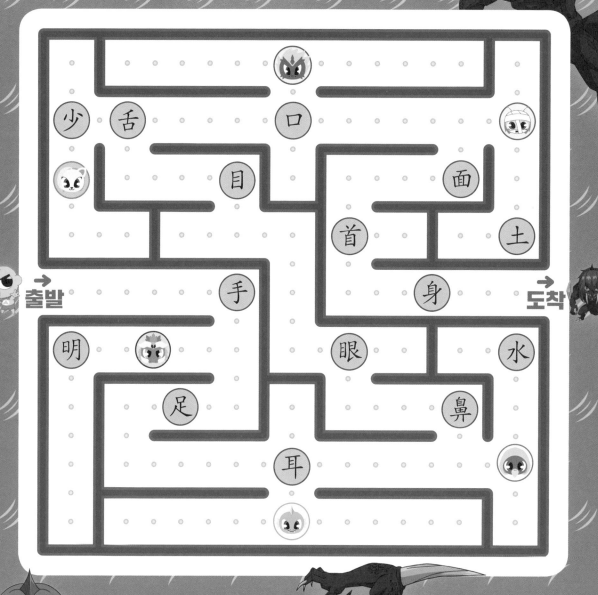

少　舌　口　目　面　土　首　身　手　明　眼　水　足　鼻　耳

출발 →

→ 도착

악창괭이 합체귀신

스킬 : 낫 달린 꼬리로 공격
　　　 몸통 박치기
크기 : 4m
합체 : 악창귀와 양괭이의 합체귀신

78

校門教室

한자의 음과 뜻을 확인하고, 한자를 소리 내어 읽으며 따라 써 보세요.

| 획순 | 一 十 才 才 木 朴 朽 朽 校 校 校 |

校
학교 교

부수 : 木

校	校			
학교 교	학교 교			

學校(학교) : 학생을 가르치는 교육 기관

| 획순 | 丨 冂 冂 冂 冃 門 門 門 |

門
문 문

부수 : 門

門	門			
문 문	문 문			

門團束(문단속) : 문을 단단히 닫아 잠그는 일

8급

획순 ´ ⺈ ⺈ ⺹ ⺹ 考 孝 孝 孝 教 教

教

가르칠 교

부수 : 攵

가르칠 교	가르칠 교			

教育(교육) : 지식을 가르치고 인격을 길러 줌

8급

획순 ⺀ ⺀ 宀 宀 宁 宏 宏 室 室

室

집 실

부수 : 宀

집 실	집 실			

事務室(사무실) : 사무를 보는 방

한자의 음과 뜻을 확인하고, 한자를 소리 내어 읽으며 따라 써 보세요.

8급

획순 丿 一 凵 牛 生 牛 先

先
먼저 선

부수 : 儿

先	先			
먼저 선	먼저 선			

于先(우선) : 무엇보다도 먼저

8급

획순 丿 一 凵 牛 生

生
날 생

부수 : 生

生	生			
날 생	날 생			

生活(생활) : 살아서 활동함

획순 ノ ノ 丷 ヴ 玊 采 采 采 番 番 番 番

番	番			
차례 번	차례 번			

番號(번호): 차례를 나타내거나 식별하기 위해 붙이는 숫자

番
차례 번

부수 : 田

획순 ヽ ロ ロ ロ 号 号 号 号 号 號 號 號

號	號			
이름 호	이름 호			

信號(신호) : 일정한 부호, 표지, 소리, 몸짓 따위로 특정한 내용 또는 정보를
전달하거나 지시를 함. 또는 그렇게 하는 데 쓰는 부호

號
이름 호

부수 : 虍

班運動場

한자의 음과 뜻을 확인하고, 한자를 소리 내어 읽으며 따라 써 보세요.

6급

획순　一　二　干　王　玨　玔　珏　玨　班　班

班	班			
나눌 반	나눌 반			

班

나눌 반

부수 : 王

班別(반별) : 반마다 따로따로

획순　丶　一　ㄣ　ㄣ　ㄖ　吕　吕　目　宣　軍　軍　渾　渾　運

運	運			
옮길 운	옮길 운			

運

옮길 운

부수 : 辶

運動(운동) : 사람이 건강을 위해 몸을 움직이는 일

획순 ノ ニ 두 두 占 台 盲 重 重 動 動

動
움직일 동
부수 : 力

動	動			
움직일 동	움직일 동			

動物園(동물원) : 각지에서 온 동물을 관람할 수 있도록 시설을 갖추어 놓은 곳

획순 一 十 土 圹 圷 圫 垣 垾 場 場 場

場
마당 장
부수 : 土

場	場			
마당 장	마당 장			

入場(입장) : 장내(場內)로 들어가는 것

學問受業

한자의 음과 뜻을 확인하고, 한자를 소리 내어 읽으며 따라 써 보세요.

8급

획순 ′ ⺊ ⻣ ⻣ ⻣ ⻣ ⻣ ⻣ 昣 昣 昣 昣 昣 臼 臼 與 學 學 學

學	學	學		
배울 학		배울 학	배울 학	

배울 학

부수 : 子

學年(학년) : 수업하는 과목에 따라 1년을 단위로 구분한 학교 교육

7급

획순 ⎸ ⎸ ⎸ ⎸ ⎸ ⎸ 門 門 門 門 問 問

問	問	問		
물을 문		물을 문	물을 문	

물을 문

부수 : 口

질문(質問) : 궁금한 생각이나 이유를 물음

획순 　 ´ 　 ｀ 　 ⺥ 　 ⺤ 　 ⺤ 　 ⺥ 　 受 　 受

受

받을 수

부수 : 又

受	受		
받을 수	받을 수		

受賞(수상) : 상을 받음

획순 　 ` 　 ｜ 　 ｜｜ 　 ⺌ 　 业 　 业 　 业 　 芈 　 业 　 丵 　 丵 　 業 　 業

業

업 업

부수 : 木

業	業		
업 업	업 업		

受業(수업) : 기술이나 학업의 가르침을 받음. 또는 그런 일

宿題試驗

한자의 음과 뜻을 확인하고, 한자를 소리 내어 읽으며 따라 써 보세요.

5급

획순 丶 丶 宀 宀 宀 宿 宿 宿 宿 宿 宿

宿
잘숙

부수 : 宀

宿	宿			
잘숙	잘숙			

宿題(숙제) : 복습이나 예습 따위를 위하여 방과 후에 학생들에게 내주는 과제

6급

획순 丨 冂 日 日 旦 昰 昰 昰 是 是 是 題 題 題 題 題 題

題
제목 제

부수 : 頁

題	題			
제목 제	제목 제			

問題集(문제집) : 학습 내용을 문제로 만들어 엮은 책

획순 ` ´ ¨ ≡ ≣ 言 言 言 試 試 試 試 試

試	試			
시험 시	시험 시			

試
시험 시

부수 : 言

試合(시합) : 운동이나 그 밖의 경기 따위에서 서로 재주를 부려 승부를 겨루는 일

획순 ㅣ ㄒ ㄥ ㄥ ㄥ 馬 馬 馬 馬 馬 馬 馬 駘 駘
駘 駘 駘 駘 駘 駘 駘 駘 駘 駘

驗	驗			
시험 험	시험 험			

驗
시험 험

부수 : 馬

實驗(실험) : 실제로 해 봄. 또는 그렇게 하는 일.
　　　　　　과학에서, 이론이나 현상을 관찰하고 측정함

答案空冊

한자의 음과 뜻을 확인하고, 한자를 소리 내어 읽으며 따라 써 보세요.

7급

획순 　丿　　𠂉　　𠂇　　𠂉　　𥫗　　𥫗　　𠂉　　笁　　笁　　答　　答

答	答			
대답 답	대답 답			

答
대답 답

부수 : 竹

正答(정답) : 옳은 답

5급

획순 　丶　　丶　　宀　　宀　　安　　安　　安　　案　　案　　案

案	案			
책상 안	책상 안			

案
책상 안

부수 : 木

案內(안내) : 어떤 내용을 소개하여 알려 줌. 또는 그런 일

획순 丶 丶 宀 宀 空 空 空 空

空	空			
빌공	빌공			

空
빌공

부수 : 穴

空間(공간) : 아무것도 없는 빈 곳

획순 丿 丿 冂 冊 冊 冊

冊	冊			
책 책	책 책			

冊
책 책

부수 : 冂

冊床(책상) : 앉아서 책을 읽거나 글을 쓰거나 할 때에 앞에
　　　　　　놓고 쓰는 상

筆 記 賞 狀

한자의 음과 뜻을 확인하고, 한자를 소리 내어 읽으며 따라 써 보세요.

5급

획순 ' ⺮ ⺮ ⺮ ⺮ 竺 竺 竺 筆 筆 筆 筆

筆	筆			
붓 필	붓 필			

筆

붓 필

부수 : 竹

筆記(필기) : 글씨를 씀.
　　　　　　강의, 강연, 연설 따위의 내용을 받아 적음

7급

획순 ` ⺬ ⺬ ⺬ 言 言 言 記 記 記

記	記			
기록할 기	기록할 기			

記

기록할 기

부수 : 言

記事(기사) : 사실을 적음. 또는 그런 글. 신문이나 잡지 따위에서, 어떠한 사실을
　　　　　　알리는 글

5급

획순 ⟍ ⟍ ⺊ ⺌ 严 严 严 严 赏 赏 赏 赏 赏 賞 賞

賞
상줄 상

부수 : 貝

賞	賞		
상줄 상	상줄 상		

賞品(상품) : 상으로 주는 물품

4급

획순 ⎮ ㇄ 爿 爿 爿 狀 狀 狀

狀
문서 장

부수 : 犬

狀	狀		
문서 장	문서 장		

卒業狀(졸업장) : 졸업한 사항을 적어 졸업생에게 주는 증서

93

사자성어 이야기

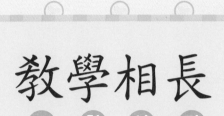

教學相長
교 학 상 장

教 가르칠 교 **學** 배울 학 **相** 서로 상 **長** 길 장

남을 가르치는 일과 스승에게서 배우는 일 모두 자기의 학업을 발전시킨
다는 뜻으로, 가르치고 배우면서 같이 성장한다는 의미로 사용됩니다.

教	學	相	長	
教	學	相	長	

學而時習

학　이　시　습

學 배울 학　**而** 말이을 이　**時** 때 시　**習** 익힐 습

배우고 때때로 익힌다는 뜻으로, 배운 것을 항상 복습하면 그 뜻을 알게 된다는 것을 말합니다.

學	而	時	習	
學	而	時	習	

다음의 한자를 맞게 발음한 것을 찾아 선을 이어 보세요.

宿題 ·

試驗 ·

學問 ·

受業 ·

校門 ·

答案 ·

筆記 ·

賞狀 ·

· 수업

· 필기

· 답안

· 학문

· 시험

· 상장

· 숙제

· 교문

두리의 일기를 읽으면서 빈칸에 들어갈 한자가 무엇인지 아래의 보기에서 찾아 써 보세요.

3학년 1 ☐ 10 ☐ 두리의 일기

4월 1일 맑음

학교에 도착해서 ☐☐ 에 들어서며

☐☐ 님께 인사를 드렸다.

국어시간에는 ☐☐ 에 받아쓰기를 했다.

점심시간에는 친구들과 ☐☐☐ 에서

축구를 했다.

教室 空冊 運動場 先生 班 番

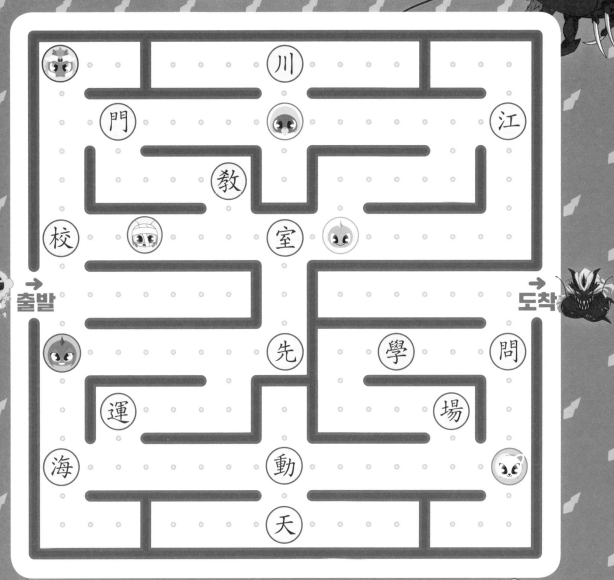

川

門

江

教

校

室

先

學

問

運

場

海

動

天

→ 출발

→ 도착

이무기 분노한 재앙신

스킬 : 거대한 몸을 휘둘러 모든 걸 부숴버림
　　　물을 자유자재로 이용
크기 : 20m
퇴치방법 : 악덕 시장이 죄를 뉘우치고 용서를 구함

정답

한자 퀴즈 미로 정답

24쪽

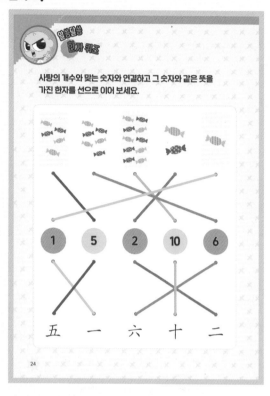

사탕의 개수와 맞는 숫자와 연결하고 그 숫자와 같은 뜻을 가진 한자를 선으로 이어 보세요.

1 5 2 10 6

五 一 六 十 二

25쪽

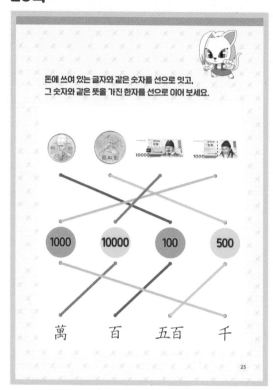

돈에 쓰여 있는 글자와 같은 숫자를 선으로 잇고, 그 숫자와 같은 뜻을 가진 한자를 선으로 이어 보세요.

1000 10000 100 500

萬 百 五百 千

26쪽

숨어 있는 귀신들을 피해 숫자와 관련된 한자를 따라 구묘귀를 잡자!

구묘귀 분노의 발톱

스킬 : 날카로운 발톱으로 공격
인간을 쥐로 변신시키는 능력(사람 얼굴+쥐의 몸)
크기 : 2.5m
퇴치방법 : 생전의 아들과 손자가 할머니를 위로

38쪽

12월 달력의 빈칸에 알맞는 한자를 써 보세요.

20××年 12月

日요일	月요일	火요일	水요일	木요일	金요일	土요일
		1	2	3	4	5
6	7	8	9	10	11	12
13	14	15	16	17	18	19
20	21	22	23	24	25	26
27	28	29	30	31		